Tiempo

Julie Murray

Abdo Kids Junior es una
subdivisión de Abdo Kids
abdobooks.com

Abdo
¡A MEDIR!
Kids

abdobooks.com

Published by Abdo Kids, a division of ABDO, P.O. Box 398166, Minneapolis, Minnesota 55439.
Copyright © 2020 by Abdo Consulting Group, Inc. International copyrights reserved in all countries.
No part of this book may be reproduced in any form without written permission from the publisher.
Abdo Kids Junior™ is a trademark and logo of Abdo Kids.

Printed in the United States of America, North Mankato, Minnesota.

102019

012020

 THIS BOOK CONTAINS
RECYCLED MATERIALS

Spanish Translator: Maria Puchol

Photo Credits: Alamy, iStock, Shutterstock

Production Contributors: Teddy Borth, Jennie Forsberg, Grace Hansen

Design Contributors: Christina Doffing, Candice Keimig, Dorothy Toth

Library of Congress Control Number: 2019944034

Publisher's Cataloging-in-Publication Data

Names: Murray, Julie, author.

Title: Tiempo/ by Julie Murray.

Other title: Time. Spanish

Description: Minneapolis, Minnesota: Abdo Kids, 2020. | Series: ¡A medir! |
    Includes online resources and index.

Identifiers: ISBN 9781098200701 (lib.bdg.) | ISBN 9781098201685 (ebook)

Subjects: LCSH: Time--Juvenile literature. | Time--Measurement--Juvenile literature | Time estimation--
    Juvenile literature. | Measurement--Juvenile literature. | Use of time-- Juvenile literature. | Spanish
    language materials--Juvenile literature.

Classification: DDC 530.813--dc23

Contenido

Tiempo

El tiempo es la medida de la duración de las cosas. Hace referencia a los eventos que transcurren.

Los relojes dan la hora. Algunos relojes son relojes **analógicos**.

Los segundos son una
medida de tiempo pequeña.
Fred corre colina arriba.
Tarda 40 segundos en llegar.

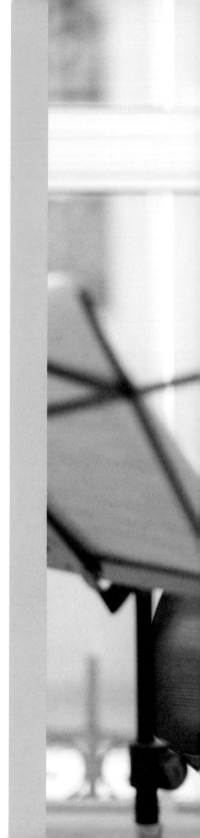

Un minuto son 60 segundos.
Jamie toca una canción que
dura 3 minutos.

Una hora son 60 minutos.

Laura va a la escuela. Ella está allí 7 horas.

Un día son 24 horas. Dan visita Florida por 3 días.

Una semana son 7 días.

Brian se va de campamento.

Está allí 2 semanas.

17

Un mes son 4 semanas.

Lily juega al fútbol. La

temporada dura 3 meses.

Un año son 12 meses.

Es el cumpleaños de

Tom. ¡Ya tiene 7 años!

¡A repasar!

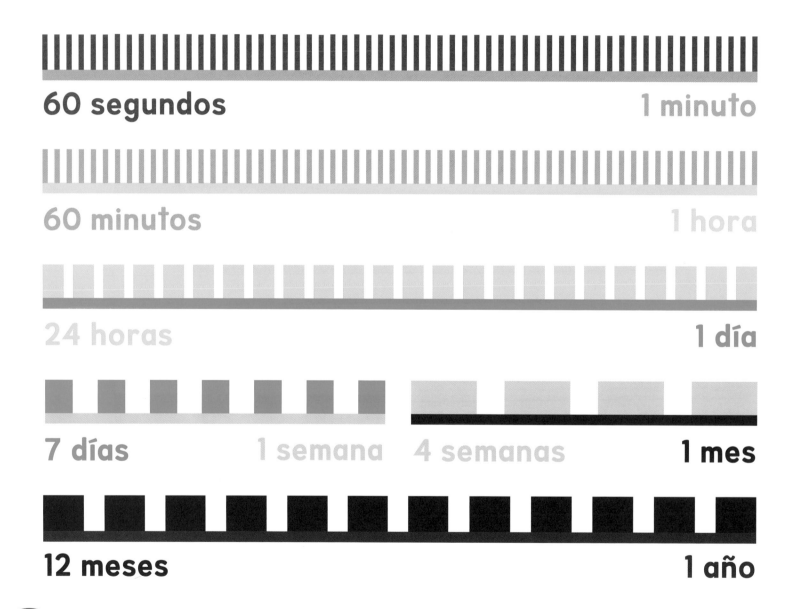

60 segundos · 1 minuto

60 minutos · 1 hora

24 horas · 1 día

7 días · 1 semana · 4 semanas · **1 mes**

12 meses · 1 año

Glosario

analógico
reloj que tiene manecillas para
representar las horas y los minutos.

temporada
periodo del año asociado a una
actividad determinada.

Índice

Abdo Kids
ONLINE
FREE! ONLINE MULTIMEDIA RESOURCES

¡Visita nuestra página **abdokids.com** y usa este código para tener acceso a juegos, manualidades, videos y mucho más!

Usa este código Abdo Kids

MTK5311

¡o escanea este código QR!